Crafternoon

Anleitungen und Rezepte für den perfekten DIY-Nachmittag mit Freundinnen

Crafternoon

Anleitungen und Rezepte für den perfekten DIY-Nachmittag mit Freundinnen

Mit **Steffi** und **Moni** von Decorize

Inhaltsverzeichnis

Natural Beauty Seite 39

Handlettering Seite 32

Einladungskarten Seite 76

Do it yourself ist wie Yoga für die Seele!

Eintauchen in einen kreativen Prozess, darin versinken und komplett im flow sein – das entspannt und macht glücklich!

Darüber hinaus ist die Liebe zum Selbermachen einfach ansteckend, denn gemeinsam macht Kreativ-Sein noch viel mehr Spaß! Man inspiriert sich gegenseitig, quatscht mit Freunden und kreiert „nebenbei" etwas Schönes für sich oder als Geschenk für andere.

Dieses Gefühl, wenn man einen lustigen Nachmittag zwischen Freunden, Papier, Farbe, Garnen, leckeren Drinks und Fingerfood verbringt und am Ende die eigene fertige Kreation in den Händen hält, ist einfach unbeschreiblich. Dabei geht es nicht um das perfekte Ergebnis, sondern darum, sich eine schöne Zeit zu machen! Das ist die Idee hinter einem tollen Crafternoon, also einem „Kreativnachmittag".

Mit diesem Buch möchten wir dazu inspirieren, kreative Zeit mit Freunden zu verbringen und zeigen dir dafür kleine und große Inspirationen, wie ein solcher Nachmittag aussehen und was für Projekte man dabei umsetzen kann. Die DIYs sind mal einfach und schnell, mal etwas umfangreicher. Vielleicht können wir dich ja dazu verleiten, eine neue Basteltechnik auszuprobieren, ein Material in die Hand zu nehmen, das du schon immer mal testen wolltest oder dir die Ideen liefern, um einen entspannenden, kreativen Tag unter besten Freundinnen mit Drinks & Snacks zu verbringen – eben einen Crafternoon!

Wir wünschen dir ganz viel Spaß!

deine Steffi & Moni

BOM-BAST-ISCH

Ein Nachmittag mit Freunden & Naturmaterial Bast

Wenn das Pampasgras seine Puschel auspackt wird's Zeit, die Naturbastel-Materialien hervorzuholen und einen entspannten Nachmittag mit Sisal, Bast und guten Freunden zu veranstalten. Bast ist ein Naturprodukt und wird aus den Blättern der Raffia-Palme hergestellt, die im tropischen Afrika beheimatet ist und auch als wichtiger Nahrungsmittellieferant gilt.

Naturmaterialien und -Farbtöne sind im Interior hoch im Kurs und lassen sich hervorragend zu toller Wand-deko und schönen Wohn-Accessoires verarbeiten. Das ist nicht so schwierig, wie es aussieht und eine tolle kreative Arbeit, bei der man hervorragend nebenbei quatschen und sich über die letzten News austauschen kann.

ANLEITUNG FÜR

Bastschnecken

IHR BRAUCHT PRO PERSON

» Naturbast, 100 g z. B. von Buttinette
» Sisalband oder Jutegarn, ca. 3,5–5 mm, 200 g/ca. 60 m

1 Das Sisalband mit einem Basthalm umwickeln. Dazu das eine Ende des Basthalmes in Wickelrichtung legen und überwickeln.

2 Nach ca. 5 cm das umwickelte Sisalband zur Schnecke drehen. Du befestigst die Schnecke, indem du den Basthalm durchs Mittelloch fädelst und festziehst. Dann umwickelst du weiter das Sisalband. Diesen Schritt im gleichmäßigen Abstand wiederholen, bis du eine weitere Reihe in deiner Schnecke gedreht hast.

3 Nun den Basthalm in eine Stopfnadel mit großem Öhr fädeln und statt durch das Mittelloch durch den Zwischenraum der jeweils vorigen Reihe fädeln.

4 Einen neuen Basthalm beginnst du, in dem du das eine Ende des neuen Halms neben das Ende des ersten Halms legst und beide überwickelst.

5 Fortfahren, bis die gewünschte Größe für einen Untersetzer, für ein Tischset oder eine Wanddeko erreicht ist. Dann schneidest du das Sisalband ab, umwickelst das Ende fest mit der Reihe davor und verknotest du den Basthalm.

6 Optional kann die letzte Reihe mit Bastfransen verziert werden, indem du ein jeweils ca. 10 cm langes Stück doppelt legst, durch den Zwischenraum der letzten und vorletzten Reihe fädelst und die Enden durch die Schlaufe ziehst.

7 Am Ende alle Fransen auf dieselbe Länge „frisieren".

8 Für die Wanddeko die letzten Reihen leicht nach oben anlegen, so dass eine leichte Korbform entsteht.

3

5

6

7

Tipp

Mit dieser Technik lassen sich auch andere schöne Wanddekos kreieren. Dazu das Sisalband mit Bast umwickeln und zu zwei unterschiedlich großen Ringen binden. Diese werden nun durch Basthalme kreuzweise miteinander verbunden. Wer mag, bindet noch Fransen aus langen Basthalmen dran.

CRAFTERNOON

REZEPT FÜR LECKERE

Guacamole

Damit ihr zwischendurch etwas zu snacken habt, darf leckeres Knabberzeug mit erfrischendem Dip nicht fehlen. Und da wir uns dekotechnisch heute in südlichen Gefilden bewegen – wie wäre es da mit diesem Klassiker der mexikanischen Küche?

ZUTATEN FÜR 4 PERSONEN

» 2 reife Avocados
» 1 Limette
» 1 kleine Zwiebel
» 1 Knoblauchzehe
» 1 Prise Salz
» Optional: ½ kleingeschnittene Jalapeño oder Koriander
» dazu: 1 Tüte Tortilla Chips

ZUBEREITUNG

Die Avocados entsteinen. Fruchtfleisch herauslösen und mit einer Gabel zerdrücken. Limette auspressen und den Saft unterrühren. Zwiebel und Knoblauch fein hacken und mit Salz und Pfeffer zu der Avocado geben.

BAST FÄRBEN

Bast lässt sich hervorragend färben, z. B. mit den Avocado-Kernen der Guacamole. So wird der Bast rostrot. Dazu die Kerne der Avocado in einem Topf mit Wasser aufkochen, den Bast ins Wasser legen und – am besten über Nacht – einwirken lassen. Zum Trocken ausgebreitet in die Sonne (oder auf einem alten Handtuch auf die Heizung) legen.

KORBLIEBE

Schickes Flechtwerk mit Maisschnur

Körbe kann man einfach nie genug haben, oder? Ob als Deko-Must-Have im angesagten Natural-Interior-Look, als Aufbewahrungsmöglichkeit für Pflanzen, Magazine, Kinderspielzeug oder liebgewonnenen Krimskrams oder als dekoratives Element in der Einrichtung – Körbe bringen Gemütlichkeit und eine beruhigende Atmosphäre ins Zuhause.

Und selbstgemacht sind sie noch viel schöner! Deshalb ist gemeinsames Körbeflechten perfekt für einen Crafternoon: Hier trifft altes Handwerk auf neues Material. Statt Peddigrohr oder Weide greifen wir zum Naturmaterial Maisschnur.

Außer unseren Händen und besagter Maisschnur braucht es kaum Werkzeug – am besten aber ein paar Snacks und Drinks für kreative Stunden beim geselligen Korbflechten. Denn eins ist sicher: von schickem Flechtwerk und schönen Stunden mit Freunden gibt es nie zu viel!

ANLEITUNG FÜR

Eckige Körbe

IHR BRAUCHT PRO PERSON

- Maisschnur, ca. 90 m/420 g z. B. von Buttinette
- Eckiges Gefäß in Wunschgröße (am besten mit Wasser befüllbar zum Beschweren)
- Schere

Außerdem hilfreich

- Gummiband
- Große Haarklammer
- Sprühflasche

ZUM MATERIAL

Mit Maisschnur erstellst du echte Hingucker-DIYs im unverwechselbaren Nature-Look! Das Natur-Produkt besteht aus einer kräftigen Schnur aus handgedrehten Maisblättern. Durch die robuste und zugleich flexible Qualität bietet sie ein hervorragendes Medium zum Gestalten und Erstellen von Körben, das sich auch hervorragend mit anderen Materialien kombinieren lässt.

3

4

Für den Boden

1 Schneide eine Anzahl von Maisschnur-Stücken zurecht, um auf deinem umgedrehten Gefäß einen Gitterboden zu flechten. Die Anzahl der Stücke hängt von der Größe des Gefäßes ab: der Abstand der Schnüre sollte ca. 2-3 cm betragen. Die Länge der Schnüre ergibt sich jeweils aus der Länge von Boden plus Seitenwandhöhe plus ca. 10 cm (für den späteren Rand).

2 Die Maisschnur-Stücke einweichen, um sie flexibler zu machen. Je nach Qualität der Maisschnur kann es ratsam sein, die Enden nicht mit einzuweichen.

3 Nun den Boden des Korbes flechten. Dafür die senkrechten Schnüre über einen Gefäßboden legen und mit einem Gummiband befestigen.

4 Die waagerechten Schnüre durchweben und ebenfalls zunächst unter dem Gummiband befestigt. Anschließend den Korbboden gleichmäßig ausrichten und strammziehen. Alle Schnüre dieses Bodengitters nennen wir im Weiteren „Wandstaken". Sie sind nachher die Senkrechten des Korbes und geben ihm das Gerüst für die Höhe.

Übergang zu den Wänden

5 Nun ein Stück Maisschnur mit der Länge vom sechsfachen des Gefäßumfanges zurechtschneiden und mittig zusammenlegen.

6 Die Schlaufe in eine beliebige Wandstake fädeln (es ist egal, wo du anfängst – nur nicht direkt an einer der Ecken), die beiden Schnüre einmal verdrehen und die nächste Stake zwischen die beiden Schnüre fädeln. Wichtig hierbei ist, dass du immer in dieselbe Richtung verdrehst - also zum Beispiel immer das hintere Ende über das vordere legst - damit ein gleichmäßiges Muster entsteht.

7 So verfährst du zwei Runden um das Gefäß. In der dritten Runde fädelst du jeweils ein Ende der Schnur hinter den zwei Runden Schnur durch und kreuzt die beiden Enden. Am Ende der dritten Runde die beiden Schnurenden abschneiden und im Geflecht verstecken. Der Boden deines Korbs ist nun fertig!
Damit sich die Schnurenden beim Verdrehen nicht zu sehr verknoten, ein Ende aufwickeln und mit einer großen Haarklammer fixieren.

Die Seitenwände

8 Auf die gleiche Weise verleihst du dem Korb nun Höhe. Dabei kannst du entweder wie zuvor zwei Reihen flechten/verdrehen und jeweils die dritte Reihe kreuzen und zwischen den Reihen-Paketen Lücken lassen (durchbrochenes Geflecht) oder die Wände vollflächig flechten, ohne die Verkreuzung.

9 Für den Rand wird in der dritten Runde jeweils eine Wandstake nach hinten umgebogen und durch das Kreuzen der beiden Schnüre über der umgebogenen Wandstake fixiert. Hierfür ist es ratsam, alle Wandstaken noch einmal zu befeuchten. Eine Sprühflasche mit Wasser ist hier sehr hilfreich.

6

7

8

9

REZEPT FÜR DEIN

Grazing Board

Ein Grazing Board ist eine Snack-Platte voller Leckereien (to graze bedeutet naschen) und damit perfekt für einen kreativen Nachmittag, bei dem man neben dem Basteln immer wieder eine leckere Kleinigkeit von der Platte stibitzt. Egal, ob deftige Sachen wie Käse und Anti-Pasti, süße Dinge wie Schokolade und Früchte oder eine Kombination aus beidem – das Prinzip ist immer gleich und ganz einfach: zuerst werden die großen, flächigen Lebensmittel auf Fingerfood-Größe geschnitten, auf der Platte verteilt und die Lücken mit den kleineren Köstlichkeiten gefüllt.

ZUTATEN JE NACH GESCHMACK

» Obst & rohes Gemüse
» Dips, Eingelegtes (wie Tomaten, Oliven und Feta) in kleinen Schalen
» Käse
» Salami, Schinken & Co.
» Nüsse, Kekse & getrocknete Früchte

Gulen Morgen
Happy time
Crafter-
NOON
Mmhh

SCHÖNES SCHREIBEN

Die Kunst des Handlettering

Ist es in unserem digitalen Zeitalter nicht toll, etwas Handgeschriebenes in der Hand zu halten? Es steckt voller Charme und Persönlichkeit. Und wer jetzt sagt, ich habe aber gar keine schöne Handschrift, ist beim Handlettering trotzdem richtig! Denn Handlettering ist vielmehr ein Malen von Buchstaben als Schreiben von Wörtern.

Brushlettering und Faux Calligraphy sind eine wunderbare Art der Entschleunigung. Und das Tollste: man braucht lediglich Papier und Stift – und etwas Übung – dann lassen sich zauberhafte Dinge kreieren.

Und da Üben bekanntlich mehr Spaß macht, wenn man es nicht alleine machen muss, ist Handlettering ein tolles Thema für einen Crafternoon. Denn dieser kann auch mal mit ein paar Freunden im Lieblings-Café stattfinden!

ANLEITUNG FÜR

Basics und erste Projekte

IHR BRAUCHT PRO PERSON

- Möglichst glattes Papier
- Fasermaler und Fineliner
- Brushpens, z. B. von Staedtler®, Tombow® oder edding®
- Bleistift zum Vorzeichnen und Radiergummi
- Übungsblätter und Vorlagen (siehe Seite 34)

Übungsvorlagen zum Download findest du in unserer Online-Bibliothek. Wie du sie herunterladen kannst erfährst du im Impressum auf Seite 124.

Grundkenntnisse

Wir fokussieren uns bei unserem Crafternoon auf die beiden Techniken Brushlettering – mit Pinseln oder Brushpens, also Stifte mit flexibler Pinselspitze – und Faux Calligraphy und zeigen hier ein paar Übungen und Tipps, mit denen auch Unerfahrene ohne Vorkenntnisse tolle Ergebnisse erzielen können.

Denn im Gegensatz zur Kalligrafie steht beim Handlettering das handwerkliche Selbermachen im Vordergrund, nicht die Perfektion von Buchstaben. So gibt es auch keine starren Vorschriften, sondern nur ein paar Grundregeln.

Wir lieben den Look von klassischem Brushlettering, bei dem die Abstriche – also die Bewegung beim Schreiben von oben nach unten – dicker und die Aufstriche – also die Bewegung beim Schreiben von unten nach oben – dünner sind.

Basisstriche

Alle Buchstaben setzen sich aus den folgenden 8 Basisstrichen zusammen:
Aufstrich, Abstrich, unterer Wendestrich, oberer Wendestrich, doppelter Wendestrich, Oval, obere Schlaufe, untere Schlaufe.

Um das zu üben, nimmt man einen Brushpen und einen Übungsbogen mit einem Vier-Liniensystem aus Grundlinie, Mittel-, Ober- und Unterlinie sowie Neigungslinien (siehe PDF-Vorlage). Das macht es einfacher, die Buchstaben gleichmäßig und harmonisch einzufügen.

1 Eine Reihe druckvolle Abstriche von oben nach unten ziehen.

2 Den Stift dabei so halten, dass die Pinselspitze auf 11 Uhr (bei Rechtshändern bzw. 13 Uhr bei Linkshändern) zeigt. Man kann den Stift dabei nicht kaputtmachen, also ruhig fest drücken. Denn je dicker die Abstriche sind, desto schöner wird das Ergebnis.

3 Als nächstes kommt eine Reihe Aufstriche. Dabei den Stift mit sehr wenig Druck über das Papier nach oben ziehen.

4 Nun wird beides miteinander verbunden. Dazu den Druck jeweils in den Richtungswechseln anpassen. Achte beim Schreiben darauf, dass alle Buchstaben mit dünnen Aufstrichen miteinander verbunden sind. Schummeln erlaubt! Um ein Gefühl für Schrift-Kompositionen zu bekommen, können auch Vorlagen durchgepaust werden.

Faux Calligraphy

Faux Calligraphy imitiert das Handlettering-Schriftbild, bietet aber drei entscheidende Vorteile:

- Es ist für Anfänger ein perfekter Einstieg in das Thema, da es Fehler verzeiht und sich schiefe Linien begradigen lassen.
- Es ist mit jeder Art von Stift möglich.
- Faux Calligraphy ist auf allen Materialien wie Papier, Holz, Glas, Stoff oder Tafel mit den jeweilig geeigneten Stiften wie Bleistift, Fineliner, Kreide, Textilstift oder Lackmarker möglich.

Anders als beim Brushlettering werden die Abstriche bei der Faux Calligraphy durch einen weiteren Abstrich verdoppelt und der Zwischenraum nach Belieben ausgefüllt. Dazu immer im gleichmäßigen Abstand links oder rechts vom Abstrich einen weiteren Strich nach unten setzen. Der Zwischenraum kann schraffiert, gepunktet oder vollflächig angemalt werden.

Das erste Projekt

Ab auf Porzellan & Textil

Nach so viel Üben auf Papier ist man bereit, schöne Schriftzüge auch auf andere Materialien wie Porzellan oder Textil zu bringen. Für Tassen, Teller und Co. gibt es spezielle Porzellan Brushpens, die genauso funktionieren wie ihre Papier-Kollegen – aber durch Einbrennen im Backofen kratz- und wischfest werden.
Wichtig: bitte immer die Mundgrenze bei Tassen aussparen!

Für Textil-Objekte wie T-Shirts oder Jutebeutel gibt es jede Menge Auswahl an Textilstiften, die durch Bügeln – ohne Dampf! – fixiert und für Waschen in der Waschmaschine haltbar gemacht werden.

Je nach Art des Textils ist es hier auch immer gut möglich, Vorlagen unter den Stoff zu legen und die Linien nachzumalen!

ESPRESSO
CAFE CREMA
Mmhh

HIER FINDEST DU EIN PAAR TOLLE VORLAGEN, DIE IHR EUCH ABPAUSEN UND MIT DENEN IHR ÜBEN KÖNNT.

Good VIBES Only

THE Time IS Now

Fresh Start

You're DOING Great

REZEPT FÜR

Lettercake

Was passt wohl besser zu einem Lettering-Crafternoon als ein Letter-Cake!? Dieser Trend der letzten Jahre, bei dem Kuchen in Form eines Buchstabens gebacken und anschließend mit einer Creme gefüllt und dekoriert wird, ist perfekt für den kreativen Nachmittag mit Freunden und Buchstaben. Deko-Fans kommen schon während der Vorbereitungen auf ihre Kosten, denn man kann den Kuchen individuell verzieren - verschiedene Früchte oder frische Blumen, Süßigkeiten wie Macarons, Schokoriegel, bunte Schokolinsen, Baiser...

Dieses Mal haben wir es uns einfach gemacht und Blechkuchen-Stücke aus dem Tiefkühlregal bausatzartig zum Buchstaben zusammengelegt. Denn zum Einen macht uns das Dekorieren immer mehr Spaß als das Backen und zum Anderen hatten wir so mehr Zeit für die anderen Vorbereitungen.

ZUTATEN FÜR 10 PERSONEN

- 3 Packungen TK-Blechkuchen (wir haben Donauwelle genommen)
- 2 Becher Sahne
- 4–5 EL Backkakaopulver
- gemischte Beeren
- verschiedene Schokoladen und Süßigkeiten als Dekor

ZUBEREITUNG

Ein großes Holzbrett oder eine große rechteckige Platte zurechtlegen. Die Blechkuchen aus der Verpackung nehmen und im noch gefrorenen Zustand als Buchstaben auf der Platte drapieren. Dazu gegebenenfalls Stücke halbieren oder vierteln, um Rundungen zu erreichen.
Das Kakaopulver mit der Sahne mischen und steif schlagen. Die Schokoladensahne in einen Spritzbeutel mit Lochtülle geben und die Oberfläche der Blechkuchen vollständig mit Sahnetupfern versehen.
Dann geht's ans Dekorieren!

TIPP

Für Feierlichkeiten wie runde Geburtstage funktioniert das Ganze natürlich auch hervorragend mit Zahlen statt Buchstaben!

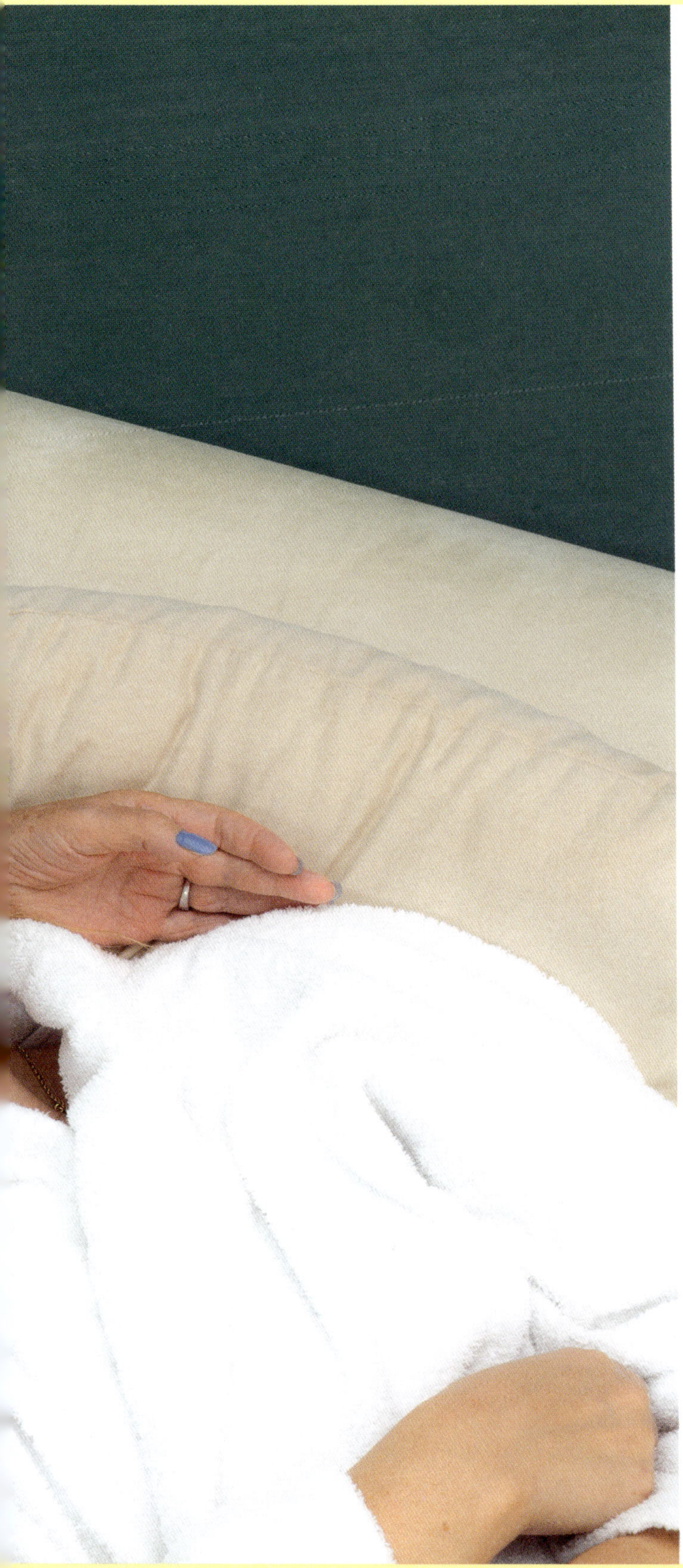

NATURAL BEAUTY

Girls Night mit DIY-Kosmetik

Der Prosecco ist kaltgestellt, die Duftkerzen brennen und die neue Staffel der Netflix-Lieblingsserie ist rausgekommen. Perfekte Rahmenbedingungen für eine entspannte Girls Night – oder wie wär´s mit einem Mutter-Tochter-Beauty-Abend? Vielleicht kommt wie bei uns sogar noch Oma mit dazu und drei Generationen female power vereinen sich auf dem Sofa für ein entspannendes Wellness-Programm.

Damit der Abend einen kreativen Spirit bekommt, stehen bei diesem Beauty-Crafternoon selbstgemachte Kosmetika in Form von Duschbomben und Lippen-Pflegebalm auf dem Programm.

Denn die Herstellung eigener Naturkosmetik ist bei vielen Pflegeprodukten keine Hexerei und macht richtig viel Spaß

Also rein in den Bademantel, die Tochter/Mutter oder beste Freundin geschnappt und ab aufs Sofa!

ANLEITUNG FÜR EINE

Dusch-Bombe

Ein wohltuendes warmes Bad ist etwas Herrliches. Aber was, wenn man keine Badewanne hat? Oder so wie wir viel lieber unter die Dusche springt? Alles, was wir brauchen, um auch aus der Dusche eine Wellnessoase zu machen, ist eine Duschbombe. Denn während uns das warme Wasser berieselt, atmen wir den wohltuenden Duft der ätherischen Öle der Duschbombe ein.

Die Duschbombe wird auf den Boden der Dusche gelegt, sobald warmes Wasser auf die Duschbombe trifft, entfalten sich die Düfte der ätherischen Öle. Die Duschbombe nicht direkt unter den Wasserstrahl legen, weil sie sich dort zu schnell auflöst.

IHR BRAUCHT

» 100 g Natron
» 80 g Zitronensäure (für Lebensmittel)
» ca. 10-20 Tropfen ätherische Öle nach Wahl
» eine Silikonform
» eine Schüssel zum Vermengen
» ggf. Wasser

Optional

» Lebensmittelfarbe oder Seifenfarbe zum Einfärben der unterschiedlichen Aromen

1 Natron und Zitronensäure in ein Schälchen geben. Die ätherischen Öle und die Lebensmittelfarbe einträufeln (insgesamt max. 20 Tropfen – also 15 Tropfen Öl plus 5 Tropfen Farbe).

2 Alles gut verrühren. Es sollte eine gut knetbare Masse wie nasser Sand entstehen. Die Masse sollte nicht schäumen, sonst wurde zu viel Flüssigkeit zugegeben.

3 Wenn alles gut verknetet ist, die Masse in die Silikonform geben und richtig gut festdrücken, ggf. nach ein paar Stunden noch einmal nachdrücken, damit die Duschbomben richtig hart werden.

4 Am nächsten Tag die Duschbomben aus der Form nehmen und bis zu ihrem Einsatz in einem verschließbaren Gefäß wie einem Einmach-/Weckglas oder leeren Kosmetikbehältern trocken lagern.

1

2

3

Die Kraft der ätherischen Öle

Die gängigsten Aromen für Duschbomben sind:

Lavendel

» reduziert Stress und Spannungsgefühle
» wirkt beruhigend auf Körper und Geist
» fördert einen ruhigen Schlaf

Pfefferminze

» befreit die Atemwege
» wirkt konzentrationssteigernd, erfrischend und belebend
» regt die Sinne an und boostet gute Laune

Eukalyptus

» wirkt entzündungshemmend und stärkt das Immunsystem
» lindert Atemwegserkrankungen
» steigert die Konzentration

Bei ätherischen Ölen darauf achten, dass es sich um 100% natürliches ätherisches Öl handelt - kein Duftöl.

Duftkombinationen für Duschbomben

» beruhigend & schlaffördernd: Lavendel + Bergamotteöl
» ausgleichend & harmonisierend: Sandelholzöl + Orangenöl
» belebend & stimulierend: Zitronenöl + Rosmarinöl
» befreit die Atemwege: Eukalyptusöl + Pfefferminzöl
» entspannt den Geist: Lavendelöl + Geraniumöl + Rosenöl
» aufbauend & kraftschenkend: Salbeiöl + Pfefferminzöl + Teebaumöl

ANLEITUNG FÜR

Lippen-Pflegebalm

Auch zum Verschenken eignen sich die DIY-Lippenpflegestifte besonders gut. Dafür haben wir kleine Labels entworfen, die du dir ausdrucken, ausschneiden und auf den Tiegel oder Lippenstift-Behälter kleben kannst! Wie du sie dir herunterladen kannst erfährst du im Impressum auf Seite 124.

IHR BRAUCHT PRO PERSON

- 8 g Bienenwachs
- 20 g Kokosöl
- 20 g Sheabutter
- 4 Tropfen Aroma (unser Favorit: Zimt-Vanille)
- ggf. 0,5 bis 1 cm Lippenstiftrest in deiner Wunschfarbe

Außerdem

- Cremetiegel mit Schraubverschluss oder leeren Lippenpflegestift-Behälter
- Kochtopf für das Wasserbad
- Kleines Kännchen oder leeres Marmeladenglas
- Holzlöffel zum Rühren

1 Das Bienenwachs in das Kännchen/Glas geben und über einem Wasserbad schmelzen. Das Wasser muss dafür nicht kochen.

2 Wenn die Mischung geschmolzen ist, Kokosöl und Sheabutter dazu geben. Gut verrühren und zum Schluss das Aroma und die Farbe vom Lippenstift hinzugeben.

3 Wenn sich alles gleichmäßig vermengt hat, die Flüssigkeit in die vorbereiteten Behälter füllen und abkühlen lassen.

LIPBALM

Lipbalm
LIPBALM

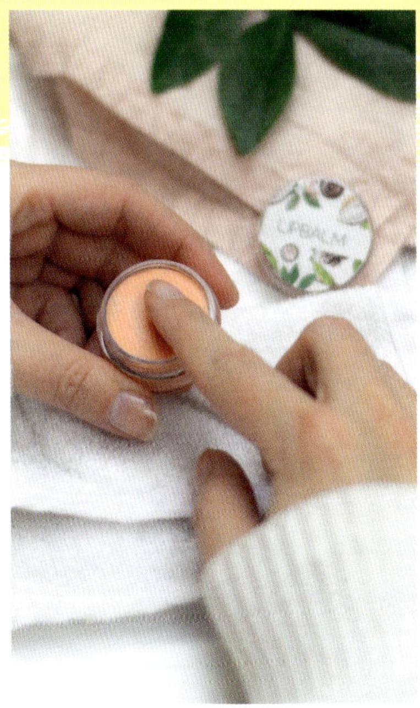
LIPBALM

REZEPT FÜR EINEN ERFRISCHENDEN

Energie-Booster

Wie wäre es bei deinem Mädels-Abend mit einem Energy-Boost von innen in Form einer selbstgemachten Limo? Unser Vorschlag: Mango-Ingwer Limonade. Die schmeckt nicht nur super lecker, sondern ist auch total gesund.

ZUTATEN FÜR 1 GLAS

- » 20 g Ingwer
- » ½ Limette (unbehandelt)
- » 2 TL brauner Zucker
- » 8 Blätter Zitronenmelisse
- » 150 g Crushed Ice
- » 30 ml Mangopüree
- » 120 ml Mineralwasser mit Kohlensäure

ZUBEREITUNG

Ingwer schälen und in feine Scheiben hobeln. Limette heiß waschen, achteln und in einer Schale mit dem Zucker zerdrücken. Anschließend Melisse sowie Ingwer dazugeben und ebenfalls leicht zerdrücken. Mangopüree sowie Crushed Ice in ein Glas geben und mit Mineralwasser auffüllen. Nach Wunsch mit fein gehobelten Ingwerscheiben garnieren.

LINE ART STICKEN

Immer schön der Linie lang

Sticken kommt wieder voll in Mode! Ihr findet trotzdem, das ist was für Omis und total verstaubt? Wir finden: das kommt ganz drauf an, was man stickt und mit wem. Kombiniert man Sticken mit dem trendigen Thema „Line Art", bringt fröhliche Hintergrundfarben mit ins Spiel und lädt Freundinnen zu einem gemütlichen Nachmittag auf dem Sofa ein, dann sind gestickte Motive total stylish und damit ein super Projekt für einen Crafternoon!

Unter Line Art versteht man die Kunst, Bilder mit möglichst wenigen Linien sehr vereinfacht zu zeichnen. Es ist erstaunlich, was für minimalistische Bilder man in diesem Stil kreieren kann.

ANLEITUNG FÜR EIN

Line-Art-Kissen

Zum Besticken von Kissenbezügen könnt ihr unsere Motivvorlagen nutzen und sie auf eure Kissenbezüge bügeln. Dann noch mit Nadel und Faden den Sticklinien folgen – super easy, oder?
Wie ihr die Vorlagen downloaden könnt, erfahrt ihr im Impressum auf Seite 124.

IHR BRAUCHT PRO PERSON

» Kissenbezüge aus 100 % Baumwolle
» Stickgarn
» Sticknadeln
» Motivvorlagen (siehe Seite 110–113)
» Textil-Transferfolie

Außerdem hilfreich

» Stickrahmen
» Bügeleisen
» Schere

1 Motiv auf Textiltransferfolie farbig ausdrucken (achtet beim Kauf der Folien darauf, ob ihr mit einem Tintenstrahl- oder Laserdrucker drucken werdet).

2 Gedrucktes Motiv ausschneiden.

3 Motiv auf den vorgewaschenen Kissenbezug aufbügeln (dabei den Herstelleranweisungen der Folie folgen).

4 Trägerfolie abziehen.

5 Mit dem Sticken mittels einfacher Rückstiche beginnen und am Ende auf der Innenseite des Kissenbezuges den Faden verknoten.

Stick-Stiche

Der Rückstich
Er ist der perfekte Linienstich mit einer sauberen und klar definierten Linie und gehört zu den bekanntesten und einfachsten Stickstichen.

So geht's:
Stecht den Faden von unten durch den Stoff und lasst ihn an der Oberseite rauskommen. Stecht die Nadel eine Stichlänge nach rechts von der Stelle, wo der Faden aus dem Stoff herauskommt wieder in den Stoff hinein. Dann zieht ihr die Nadel „unterirdisch" eine Stichlänge links von der Stelle wo der Faden aus dem Stoff herauskommt wieder nach oben an die Oberfläche. Und immer so weiter!

Der Stielstich
Mit dem Stielstich erhaltet ihr am Ende eine dickere, verdreht-wirkende Linie. Das ist z. B. toll, wenn man einzelne Motivbereiche optisch mehr hervorheben möchte, als andere.

So geht's:
Stecht Nadel und Faden von unten durch den Stoff. Dann steckt ihr die Nadel eine Stichlänge rechts vom Ausgangsfaden in den Stoff und holt sie auf halbem Weg zwischen Faden und Einstichpunkt wieder nach oben. Achtet darauf, dass der Faden unterhalb der gestickten Linie liegt.
Wiederholt dies, indem ihr wieder eine Stichlänge nach rechts einstecht und den Faden diesmal am Einstichloch des vorherigen Stiches wieder nach oben bringt.

Der Knötchenstich
Mit dem Knötchenstich könnt ihr tolle Akzente setzen, da die Mischung aus Stich und Knoten in die Höhe geht und sich damit deutlich vom Untergrund absetzt.

So geht's:
Wickelt den Faden mindestens 2-3x um die Nadel und stecht die Nadel dann direkt hinter dem herauskommenden Faden in den Stoff. Falls der um die Nadel gewickelte Faden nicht straff genug ist, zieht ihn fester, so dass er eng an der Nadel anliegt. Haltet den Knoten mit dem Daumen auf den Stoff gedrückt fest und zieht gleichzeitig vorsichtig die Nadel samt Faden durch den Stoff.

Der Rückstich

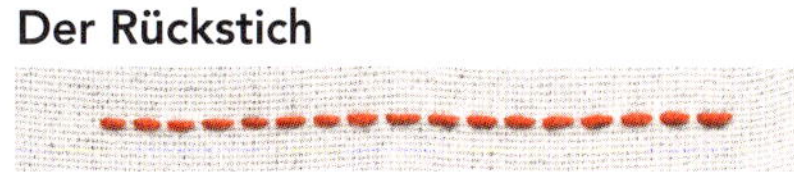

Der Stielstich

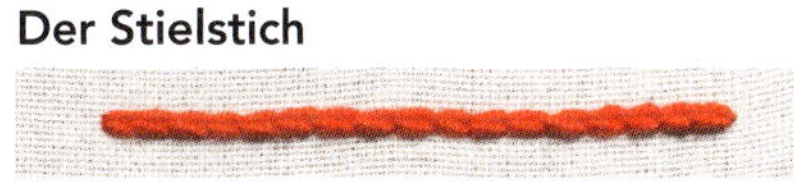

Der Knötchenstich

REZEPT FÜR EINEN LECKEREN

LineArt-Käsekuchen

Euch gefallen Line Art Designs genauso gut wie uns und ihr wollt dieses Crafternoon-Motto über die Stickvorlagen hinaus in den Nachmittag bringen? Dann serviert doch unseren „New York Line Art Cheesecake". Eure Gäste werden staunen, wenn dasselbe Gesicht, das sie gerade auf ein Kissen sticken, vom lecker duftenden Käsekuchen lächelt!

ZUTATEN

Für den Boden

» 125 g Butterkekse
» 50 g Zucker
» 80 g Butter

Für die Füllung

» 6 große Eier
» 300 g Zucker
» 900 g Frischkäse
» 250 ml Schmand
» 250 ml Schlagsahne
» Saft von 1 Zitrone
» 1 EL Vanilleextrakt
» 2 gehäufte EL Mehl

Für die Line Art Dekoration

» Backpapier
» Flüssige Schokolade, z. B. „Super Drip" in der Dosierflasche
» Ausgedruckte Motivvorlage **(siehe Seite 112)**

ZUBEREITUNG

1 Die Kekse in einer Plastiktüte mit einem Nudelholz zu Krümeln zerkleinern.

2 In einer Schüssel die zerkrümelten Kekse mit der geschmolzenen Butter und dem Zucker vermischen. Die Mischung in eine gefettete Springform (24 cm Durchmesser) geben und die Keksmischung mit den Fingern oder mit einem Löffel andrücken. Springform für 15 Minuten in den Kühlschrank stellen.

3 In einer großen Schüssel alle Zutaten für die Füllung mit einem Mixer auf mittlerer Stufe (!) nicht allzu lange zu einer glatten Masse verrühren.

4 Ofen vorheizen auf 220 °C Ober-/Unterhitze.

5 Die Springform aus dem Kühlschrank nehmen und die Frischkäsemischung in die Form gießen. Alles 5–10 Minuten ruhen lassen und 15 Minuten backen. Danach die Temperatur auf 135 °C drosseln und den Kuchen 1 Stunde weiterbacken.

6 Nach Ablauf der Zeit den Ofen komplett ausstellen, die Tür aber nicht öffnen. Sie muss für ca. 2 Stunden geschlossen bleiben.

7 Nach den 2 Stunden den fertigen Cheesecake für ca. 8 Stunden im Kühlschrank kaltstellen.

8 Während der Kuchen abkühlt, kann das Line Art Gesicht angefertigt werden: Dafür die Motivvorlage auf Papier ausdrucken und ein Stück Backpapier darüberlegen. Schokolade durch Erhitzen verflüssigen und durch eine winzige Öffnung in eine Flasche oder Beutel die Linie des Motivs auf dem Backpapier nachzeichnen.

9 Schokolade fest werden lassen und samt Backpapier spiegelverkehrt auf den Kuchen legen. Backpapier vorsichtig abziehen und fertig ist der eindrucksvolle „New York Line Art Cheesecake"!

FAUX TERRACOTTA

Upcycling von alten Vasen mit DIY-Keramikfarbe

Oh Schreck, was ist denn das für ein hässliches altes Ding? Wer kennt's nicht: im Keller sammeln sich mit der Zeit so einige obskure Dinge an. Aber hey, sagt ein paar Freunden Bescheid, denn wir haben eine gute Idee für die geschmacklose Vase von Tante Lisbeth, den in die Jahre gekommenen Krug vom Weinfest und die hässlich bedruckte Tasse!

Mit selbstgemachter Keramikfarbe machen wir aus ausrangierten Vasen, Töpfen und anderen Gefäßen bei einem Crafternoon super easy tolle Faux Terrakotta Deko-Objekte! Und weil das richtig Spaß macht, kannst du so ein paar Fliegen mit einer Klappe auf einmal schlagen: Keller, Dachboden oder Kammer ausmisten, kreativ mit Freunden werden und Altes & Ungeliebtes zu trendy Stücken im Terrakotta-Look upcyceln.

Faux Terracotta Vasen

IHR BRAUCHT PRO PERSON

- Gefäße wie Vase, Flasche, Topf oder sonstigen Gegenstand aus Glas, Keramik, Kunststoff oder Holz
- Acryl- oder Wandfarbe in Wunschfarbe (oder Wunschton mischen)
- Backpulver
- Schälchen für die Farbe und Holzstab zum Rühren
- Pinsel

1 Ein Schälchen mit Farbe füllen oder Wunschfarbton anmischen. Für den Farbton Terrakotta benötigt man 40% Gelb, 40% Rot und 20% Weiß – wir haben noch einen Klecks Schwarz hinzugefügt, um einen erdigeren Ton zu kreieren.

2 Als nächstes Backpulver in die Farbe einrühren.

3 Die Menge an Backpulver hängt davon ab, wie strukturiert und körnig ihr die Farbe haben wollt. Arbeitet euch Schritt für Schritt an die Menge an Backpulver für die gewünschte Körnigkeit der Farbe heran. Achtung: die Farbe geht nach einer Weile auf wie Kuchenteig. Daher langsam einrühren und abwarten, dann weiter einrühren. Wir haben für ein halb volles Eisschälchen eine Packung Backpulver genommen.

4 Experimentiert herum! Wir finden die Farbe am coolsten, wenn sie die Konsistenz von Schokomousse bekommt. Sollte euch die Farbe zu schnell aufgehen, könnt ihr sie mit dem Rührstab in Schach halten. Unter Rühren fällt sie zusammen.

5 Dann geht`s los mit dem Anmalen. Nehmt bei der 1. Schicht ordentlich Farbe auf den Pinsel, um die körnige Struktur auf euer Objekt zu bekommen. Gegebenenfalls benötigt euer Gegenstand nach dem Trocknen noch einen zweiten Anstrich, je nach dem um welches Material und Grundfarbe es sich handelt.

Objekte mit Henkeln wie Krüge oder Tassen lassen sich auch nach dem Trocknen sehr schön mit Bastband dekorieren!

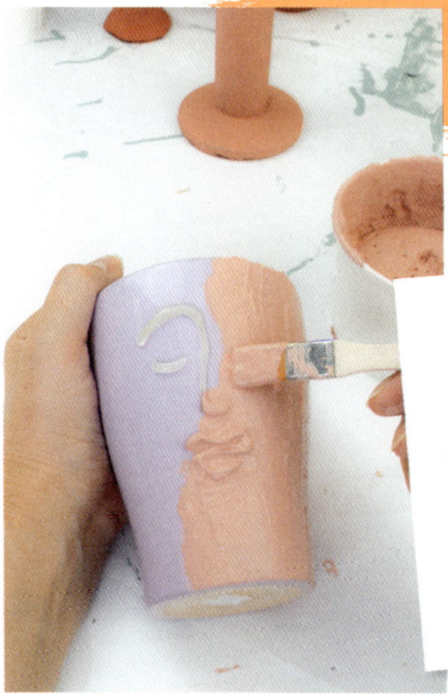

Sehr hübsch sieht es aus, wenn man vor dem Anmalen ein Muster oder ein LineArt-Gesicht mit Heißkleber auf das Gefäß „zeichnet" und es dann übermalt!

STYLING IDEE FÜR

Trinkgläser

Damit beim Malen niemand das Farbschälchen mit seinem Trinkglas verwechselt, serviert doch Getränke in Flaschen mit einem Trinkhalm. Dafür könnt ihr kleine Flaschen-Hänger mit Namen vorbereiten!
Dafür einen Pinselstrich Farbe auf einen Streifen festes Papier malen und nach dem Trocknen mit den Gästenamen beschriften. Wenn ihr ein Loch in die eine Seite des Streifens schneidet, könnt ihr sie über die Flaschen hängen und jeder findet ganz einfach sein Getränk wieder.

Steffi
Michaela
Melanie
SCHÖNER WOHNEN
designfarben

REZEPT FÜR

Rice Krispie Pinsel

Für den kleinen Snack zwischendurch haben wir aus Rice Krispie Treats® süße Pinsel gemacht. Diese Cerealien-Riegel sind hierzulande etwas schwierig zu finden, aber man kann sie ziemlich einfach und schnell selber machen!

ZUTATEN FÜR 4 PERSONEN

» 260 g gerösteter Puffreis (z. B. Rice Krispies®)
» 300 g Mini-Marshmallows
» 50 g gesalzene Butter
» Bunte Schokolade
» Eisstiele

ZUBEREITUNG

Butter in einem Topf bei geringer Hitze langsam schmelzen.
Unter Rühren mit einem eingefetteten Holzkochlöffel die Mini-Marshmallows nach und nach hinzugeben und bei geringer Hitze weiter rühren, bis alles zu einer Masse geschmolzen ist.
Anschließend den Puffreis dazugeben und kräftig verrühren.
Sobald alles zu einem klebrigen Brei verbunden ist, die Masse in eine eingefettete Back- oder Auflaufform geben und mit feuchten Händen sanft in die Form pressen und festdrücken.
Nachdem Puffreis-Teig vollständig abgekühlt ist, diesen in kleine Rechtecke (ca. 3x10 cm) schneiden und je einen Eisstiel in eine der kurzen Seiten drücken.
Nun können die Puffreis-Pinsel in Farbe, also in die geschmolzene bunte Schokolade – getunkt werden. Trocknen lassen und genießen.

Drinks
& INKS
Guten
Appetit
YAY
HURRA

DRINKS & INKS

Jetzt wird's bunt mit Alcohol-Inks

Drinks & Inks – wenn das nicht nach einer Traum-Kombination klingt!

Dieser Crafternoon tritt den Beweis an, dass Alkohol viel mehr kann, als nur für einen Schwips bei euch zu sorgen: mit ihm als Basis für Farben kann man kreativ werden und bunte, farbenfrohe Bilder kreieren.

Den Drink zum Anstoßen gibt's natürlich trotzdem, wobei auch der alles andere als gewöhnlich und für eine Überraschung gut ist…

ANLEITUNG FÜR

Kreativität mit Alcohol Inks

Wie der Name schon verrät, sind die Farben alkoholbasiert sowie hochpigmentiert und permanent. Sie sind nicht wasserlöslich, trocknen schnell und die Farben sind strahlend und leuchtend. Sie fließen fast magisch ineinander und lassen sich mit dem sogenannten „Extender" auf dem Papier weiter verdünnen und erzielen damit eindrucksvolle Effekte.
Für das Gestalten mit Alcohol Inks braucht ihr keinen Pinsel, denn die Kunst besteht darin, die Farben auf dem Papier in Bewegung zu versetzen. Bewegen könnt ihr sie auf vielerlei Arten wie z. B. durch Schwenken des Papiers oder Pusten.
Alcohol Inks eignen sich perfekt für glatte, nicht saugende Untergründe wie Synthetikpapier, Glas, Metall oder Porzellan.

IHR BRAUCHT PRO PERSON

- Alcohol Inks in verschiedenen Farben
- Extender
- Alcohol Ink Spezial-Papier z. B. von Marabu®
- evtl. wasserfeste Pigment-Liner oder Lackmarker

Außerdem hilfreich

- Trinkhalm
- Haartrockner
- Metallic oder Diamant- Alcohol Inks

Die unterschiedlichen Techniken

Je nachdem, wie ihr die Farben auf das Papier auftragt, erzielt ihr unterschiedliche Effekte. Mal zart und verspielt, mal kraftvoll und dynamisch - am besten probiert ihr alle 3 folgenden Techniken einmal aus und schaut, was euch am besten gefällt:

Dünne Schichten

1 Einen Tropfen eines Farbtons auf euren Untergrund tropfen.

2 Extender oben drauf tropfen und einen Haartrockner auf Kaltstufe stellen. Nun die Farbe vorsichtig und langsam von außen nach innen föhnen und ihr werdet sehen, dass sich die verflüssigte Farbe im inneren Bereich sammelt. Solange fortfahren, bis die Farbe getrocknet ist, das dauert ca. 1 Minute.

3 Extender auf die äußeren Kanten geben und erneut föhnen. Dünne und zarte Farbschichten entstehen.

Tropfen

1 Tropfen eines Farbtons auf den Untergrund geben. Wartet ein wenig und schaut zu, wie sich die Tropfen langsam ausbreiten.

2 Eine zweite Farbe daneben oder in den ersten Farbtropfen hineintropfen. Das Gleiche könnt ihr auch mit dem Extender ausprobieren, dieser sorgt für fast farblose Kreise innerhalb eines farbigen Kreises und sieht faszinierend aus.

3 So lange Tropfen um Tropfen auf das Papier geben, bis das gewünschte Ergebnis erzielt ist.

Colour Splash

1 Bei dieser Technik kommt der Trinkhalm ins Spiel. Einen Tropfen Alcohol Ink auf das Spezialpapier tropfen und Extender darübergeben.

2 Nun mit dem Trinkhalm gezielt von innen nach außen pusten. Achtung, hier müsst ihr schnell sein, denn die Farben trocknen im Eiltempo.
Mit dieser Technik könnt ihr versuchen, Blumen zu pusten, indem ihr die Farbe ringsherum im Kreis auseinander pustet.

ANLEITUNG FÜR STYLISCHE

"Drinks & Inks"-Shirts

Zur Begrüßung und farbenfrohen Einstimmung auf den kreativen Nachmittag kannst du als Gastgeber:in deine Freund:innen mit bunten „Drinks & Inks" T-Shirts überraschen. Die Shirts sind zwar nicht mit Alcohol Inks, sondern mit Textil-Aquarellfarben gemacht, aber der optische Effekt auf dem Shirt ist ähnlich und passt toll zum Crafternoon-Thema!

1. Tragt die Aquarellfarben auf den Stoff auf und lasst sie trocknen.
2. Dann mit einem Textilstift das Nachmittags-Motto „Drinks & Inks" darauf schreiben. Dafür könnt ihr unsere Design-Vorlage verwenden, die ihr auf Seite 112-115 findet. Vorlage zwischen die beiden T-Shirt-Schichten legen und den Schriftzug durch den Stoff hindurch abpausen.
3. Die fertigen Shirts einmal überbügeln, um die Farben zu fixieren. Details dazu findet ihr in der Packungsbeilagen der Textilfarben.

Tipp

Alcohol Inks lassen sich nicht nur auf Papier auftragen um damit Karten, Lesezeichen, Dekorationsobjekte oder Namensschildchen zu verzieren, sondern funktionieren auch auf Porzellan: dafür die Farben auf den vorderen Teil eines Schwammpinsels tropfen (z. B. drei Farben abwechselnd nebeneinander) und dann auf die Tasse, Vase etc. auftragen.

Probiert auch die Alcohol Inks im schimmerndem Gold-, Silber,- oder Bronze-Metallic- und Diamantlook aus!

HIP
HIP
HURRA
YAY
Let it snow
DANKE

Leckereien

Damit ihr zwischendurch etwas zu snacken habt, darf leckeres Brot mit erfrischendem Dip nicht fehlen. Und da es heute knallbunt wird, zeigt sich der leckere Drink in besonders auffälligem Gewand.

Kleines Rote Beete Brot

ZUTATEN

» 250 g Dinkelmehl
» 10 g frische Hefe
» ⅓ TL Honig
» 175 ml lauwarmes Wasser
» 50 g Sonnenblumenkerne oder Walnusskerne
» 10 g Chiasamen
» 1 geschälte rote Beete
» 1 EL Obstessig
» 1 TL Salz

ZUBEREITUNG

Hefe mit Honig verrühren bis sie flüssig ist.
Alle trockenen Zutaten in eine Schüssel geben und vermischen.
Die rote Beete schälen und grob raspeln. Flüssige Hefe, lauwarmes Wasser und Essig zu den trockenen Zutaten geben und alles gut durchkneten.
Eine kleine Kastenform mit Backpapier auslegen und den klebrigen Teig hineingeben. Den Teig in den noch kalten Ofen schieben und bei 200 °C (Ober-/Unterhitze) ca. 1 Stunde backen.

Rote Beete-Hummus Dip

ZUTATEN

» 2 gekochte rote Beete
» 320 g (Abtropfgewicht) Kichererbsen aus der Dose
» 60 ml Sud der Kichererbsen
» 2 EL Olivenöl
» 1 EL Tahin Paste
» 3 Knoblauchzehen
» Saft von ½ Zitrone

ZUBEREITUNG

Kichererbsen abgießen und den Sud in einer Schüssel auffangen.
Kichererbsen mit Wasser abspülen, bis es nicht mehr schäumt.
Alle Zutaten und 60 ml Sud in eine Schüssel geben, pürieren und mit Zitronensaft und Salz abschmecken.
Für die Deko ein paar Kichererbsen beiseitelegen und später auf das Hummus aufsetzen.

REZEPT FÜR

Farbwechsel-Drink

ZUTATEN FÜR 5 GLÄSER

» 3 Beutel Blauer Tee „Butterfly Pea Tee"
» 200 ml Limettensaft
» 150 ml Gin
» evtl. flüssige Schlagsahne

ZUBEREITUNG

Teebeutel nach Packungsanweisung in einer Kanne aufbrühen und vollständig abkühlen lassen.
Den kalten Tee in Gläser jeweils bis ¾ Gläshöhe umfüllen und einen Schuss Gin dazugeben.
Den Limettensaft hinzugeben und der Zauber beginnt: der Drink wechselt seine Farbe von Blau zu Violett.
Einen tollen „Hingucker" bekommt ihr auch, wenn ihr am Schluss einen Schuss (kalte!) flüssige Schlagsahne hinzugebt; die Sahne fließt im Zeitlupentempo am Glasrand hinunter und hinterlässt weiße Spuren auf ihrem Weg.

EXTRA-TIPP FÜR DIE DRINKS:

DIY Tropfdeckchen

Mit Alcohol Inks könnt ihr kleine Tropfdeckchen als Namensschildchen gestalten, die ihr um die Glashälse der Farbwechsel-Drinks legt. So gibt es keine Glas-Verwechslungen und ihr könnt ausprobieren, wie gut es sich mit Permantmarkern auf gestalteten Alcohol Ink Papieren schreiben lässt!

1 Gestaltet kleine Blätter mit Alcohol Inks und stellt den Fuß des Glases nach dem Trocknen auf das Blatt.

2 Zeichnet mit dem Permantmarker drum herum, so dass ihr die exakte Größe eures Glasfußes auf dem Papier habt.

3 Nun etwas kleineres, kreisrundes wie z. B. eine Klebefilmrolle in die Mitte des Kreises legen und den inneren Kreis ebenfalls mit dem Permanentmarker nachzeichnen.

4 Den äußeren sowie inneren Kreis mit der Schere ausschneiden und einen Schnitt quer durch den äußeren Kreis zum inneren machen.

5 Nun mit Permanentmarker eure Namen draufschreiben und die DIY Tropfdecken um die Gläser legen. Cheers!

Anne
Meike
Sonja
Anne
Me

TROCKEN-BLUMENLIEBE

Zarte Deko für die Ewigkeit

An diesem wunderschönen Deko-Trend im Boho-Style kommen wir nicht vorbei, denn wir lieben diesen verträumten Look! Kommen noch gute Freundinnen und tolle DIY Projekte dazu, ist es vollends um uns geschehen. Und wir haben so das Gefühl, das könnte euch genauso gehen.

Nicht nur wunderschön, sondern auch nachhaltig und stilvoll. Dass Trockenblumen zu einem beliebten Deko-Trend geworden sind, ist nicht verwunderlich, denn sie sind nicht nur vielseitig, sondern auch bedeutend länger haltbar und pflegeleichter als frische Schnittblumen. Basteln und dekorieren kann man mit ihnen auch noch wunderbar – das perfekte Material für einen Crafternoon.

Mittlerweile stehen Trockenblumen ihren frischen Kolleginnen auch in Sachen Vielfalt kaum noch nach, denn es gibt fast jede Pflanze als getrocknete Version. So könnt ihr euch immer wieder neue Kränze, Gestecke und Dekorationen zusammenstellen und euer Zuhause damit verschönern.

Ideen mit Trockenblumen

IHR BRAUCHT

» Trockenblumen in versch. Farben und Ausführungen wie z. B. Ruscus, Lagurus, Eukalyptus, Pampas-Gras, Hafer, Craspedia, Flachs, japanische Karde usw.
» Leere, weiße Glasflaschen in verschieden Größen
» Glaskuppeln / Dekohauben
» Holzringe ca. 15 cm Durchmesser
» Holzkugeln mit Loch 20–30 mm Durchmesser
» lufttrocknender Ton, z. B. FIMO® Air
» Holzbausteine, 4 Stück pro Person, ca. 12 cm Länge
» Kleine Metallklemmen, ca. 22 mm

Außerdem hilfreich

» Heißklebepistolen
» Lange Holzspieße
» Scheren & Holzsäge

Gefüllte Glasflaschen

1 Weiße Glasflaschen sammeln, gut auswaschen und die Etiketten ablösen. Weinflaschen eignen sich ebenso gut wie bauchige Ginflaschen oder Einmachfläschchen. Die Unterschiedlichkeit der Flaschen macht es erst richtig hübsch!

2 Sobald die Flaschen von innen richtig gut getrocknet sind (Trockenblumen mögen keine Feuchtigkeit) könnt ihr sie nach Lust und Laune befüllen.

3 Dafür die Trockenblumen mit der Schere auf unterschiedliche Längen schneiden und sie von oben durch den Flaschenhals schieben.

4 Mit einem langen Holzstab könnt ihr die Blumen auf ihrem Weg in die Flasche lenken und die Blumen so platzieren, wie ihr sie haben möchtet.

5. Die gefüllten Glasflaschen könnt ihr auch als Kerzenständer verwenden: Dafür Kerzen oben in die Flaschenöffnung stecken oder, wem das zu wacklig ist: Kerzenhalter für Flaschen verwenden.

Dekohauben

Wunderschöne Deko-Objekte für euer Zuhause sind Dekohauben aus Glas, die ihr mit Trockenblumen befüllen könnt. Dafür könnt ihr Steckschaum aus dem Floristenhandel verwenden oder macht euch, so wie wir, aus FIMO Air® eigene Steckblöcke, die passgenau in eure Dekohauben passen.

Beachtet: Dieses DIY müsstet ihr aufgrund der Trocknungszeit entweder am Vortag vorbereiten oder die FIMO® Plattform auf eurem Crafternoon formen und die Blumen am Folgetag reinstecken.

So geht's:

Formt aus FIMO® eine flache Halbkugel in der Größe eurer Dekohauben-Plattform und stecht mit einem Holzstab viele kleine Löcher hinein. In diesen finden später, wenn die Masse getrocknet ist, eure Trockenblumen ihren Platz.

Trockenblumen-Kranz

So geht's:
Legt euch so viele Holzkugeln mit Loch in der Mitte zurecht, wie ihr für den Durchmesser eures Holzrings braucht, um einmal von ganz links nach ganz rechts rüber zu kommen. Bei einem Ring mit einem Durchmesser von knapp 15 cm sind es 15 Kugeln in drei unterschiedlichen Größen.
Mit der Heißklebepistole alle Kugeln in einer Reihe so aneinanderkleben, dass alle Löcher senkrecht nach oben bzw. unten zeigen.
Dann die Kugelreihe in den Ring legen und ebenfalls mit Heißkleber links und rechts am Ring befestigen.
Nun kommt der schönste Teil: das Bestücken der Mini-Kugel-Vasen mit Trockenblumen. Hierfür gibt es keine Regeln, keine Anleitung und nicht mal eine Empfehlung; seid einfach ganz frei und kreativ und steckt zusammen, was immer euch gefällt und zu eurem Zuhause passt!

Tipp

Sollten die Trockenblumen tiefer in das Loch rutschen, als euch lieb ist, gebt einen Tropfen Heißkleber mit rein, wenn ihr das Mini-Sträußchen reinsteckt.

ANLEITUNGEN FÜR DIE GASTGEBERIN

ANLEITUNG FÜR

Einladungskarten

IHR BRAUCHT PRO PERSON

» Festes Kraftpapier
» Schere oder Cuttermesser
» Schneideunterlage
» Mini-Sträußchen aus Trockenblumen
» Weißer Lackmarker

1 Aus festem Kraftpapier eine ca. DIN A6 große Karte ausschneiden und etwas unterhalb der Mitte mit 2 langen Schlitzen versehen, die ca. 3 cm auseinander liegen. Das geht am besten mit einem Cuttermesser auf einer Schneideunterlage.

2 „Einladung zum Crafternoon" auf die Fläche zwischen den beiden Schlitzen schreiben (z. B. mit einem weißen Lackmarker) und die Details deiner Einladung wie Zeit & Ort auf die Rückseite der Karten schreiben. Vorn ein Mini-Sträußchen Trockenblumen in den Schlitz stecken und die Einladung deinen Freundinnen überreichen.

EINLADUNG
zum
Crafternoon

Namensschild

Wir können sie schon hören, die vielen „Awwwwws" und „Oooooohs" deiner Crafternoon-Crew, wenn sie bei dir eintreffen und sich um den eingedeckten Basteltisch versammeln. Denn vermutlich entdecken sie sofort die kleinen süßen Namensschildchen, die du selbst gebaut hast, um sie zu begrüßen.

IHR BRAUCHT PRO PERSON

» 4 Holzbausteine
» 3 Holzkugeln
» Heißklebepistole
» Namensschild
» Metallklemme

1 3 der 4 Holzbausteine mit den langen, schmalen Seiten mit Heißkleber aneinanderkleben.

2 Den 4. Baustein in ein ca. ¼ und ein ca. ¾ langes Stück zersägen. Das längere Stück muss so lang sein, wie das 3er Stück breit ist. Mit Heißkleber, an der Vorderseite des 3er Blocks deutlich unterhalb der Mitte wie eine kleine Fensterbank festkleben.
Das kürzere Stück auf der Rückseite leicht angeschrägt befestigen, so dass es als Stütze dient und das stehende Schildchen nicht nach hinten umfallen kann.

3 Auf die „Fensterbank" an der Vorderseite die Vasen mit Blümchen stellen: dafür die Holzkugeln so auf den Untergrund aufkleben, dass die Löcher in den Kugeln nach oben zeigen.

4 Fehlt nur noch die Klemme für den Zettel mit Namen: diese mit Heißkleber auf dem Holz befestigen.

5 Die kleinen Mini-Vasen mit Blümchen bestücken und die Namen deiner Gäste auf Zettelchen schreiben und in die Klemme stecken.

1

2

3

4

SaRaH

REZEPT FÜR KNUSPRIGE

Gemüse Chips

Zu euren getrockneten Blumen passt getrocknetes Gemüse in Form von Gemüse Chips wunderbar. Sie sind nicht nur lecker, sondern auch eine gesunde Alternative zu ihren frittierten Kartoffel-Kollegen. Sie sind der perfekte Clean Eating-Snack aus dem Backofen und super einfach selbstzumachen. Also ran an die Chips!

ZUTATEN

» Zucchini
» Süßkartoffeln
» Rote Beete
» Karotten
» Olivenöl
» Gewürze nach Geschmack, z. B. Curry, Kräuter, Paprika, Chilli

BACKZEITEN OBER-/UNTERHITZE

Süßkartoffeln
15-20 Minuten bei 190 °C

Zucchini
20 Minuten bei 230 °C

Rote Beete
40 – 50 Minuten bei 150 °C

Karotten
12 Minuten bei 180 °C

ZUBEREITUNG

Gemüse putzen, gut abtrocknen und in sehr dünne Scheiben oder Streifen schneiden, z. B. mit einem Hobel. Je dünner die Scheiben, desto knuspriger die Chips.
Die Gemüsescheiben mit Olivenöl beträufeln, nach Geschmack würzen und in einer Schüssel gut vermischen.
Nun die Chips mit etwas Abstand zueinander auf einem mit Backpapier ausgelegtem Backblech im Ofen backen. Tipp: steckt einen Holzlöffel in die Ofentür, damit der entstehende Wasserdampf kontinuierlich entweichen kann.
Lasst eure Chips im Ofen nicht lange unbeobachtet, denn zwischen knusprig und verbrannt liegen oft nur wenige Sekunden!

Gemüse
Chips
Gemüse
Chips
Gemüse
Chips

TEXTIL MARKER
T-SHIRT FARBE
T-SHIRT FARBE
ZAUBER

KIDS AND CRAFT

T-Shirt Party für kreative Köpfe

Es wird wild und bunt, denn die Kids übernehmen das Crafternoon-Ruder und toben sich kreativ richtig aus. Es gibt keine Regeln, sondern nur Inspirationen und Anregungen. Was am Ende daraus wird? Das weiß man bei Kindern ja nie so genau… Lasst euch überraschen und genießt die kreative Energie-Explosion!

Ja, liebe Eltern, es wird bunt und unkoordiniert bei einem Kids-Crafternoon und ist nichts für schwache Nerven. Es wird Farbe in Haar und Gesicht kleben und der Tisch sowie die umliegenden 5 m² im Chaos versinken. Ihr werdet mit unzähligen „Kann ich das auch so machen?"-Fragen bombardiert und gefühlte 200mal „Wow, das ist aber toll geworden!" sagen müssen. Und am Ende des Tages fix und fertig in eure Betten fallen.

Aber es wird auch unglaublich schön werden: ihr werdet zuschauen und mittendrin sein, wenn kindlich-kreative Energie ungefiltert aus euren Kids herausströmt.

Ihr werdet überrascht sein, was für kleine Künstler-innen in ihnen stecken und wie unterschiedlich die Ergebnisse am Ende aussehen werden. Ihr werdet den Stolz in ihren Augen funkeln sehen, wenn sie ihr Werk beendet haben und sie glücklich und zufrieden mit sich selbst sind und mit dem, was sie erreichen und erschaffen können.

ANLEITUNG FÜR KUNTERBUNTE

Kinder-T-Shirts

IHR BRAUCHT PRO PERSON

- T-Shirts aus 100% Baumwolle
- Textil-Farbe in unterschiedlichen Farben, z. B. von Marabu®
- Borstenpinsel
- Schablonierpinsel
- Textilstifte
- Malerkrepp oder Washi Tape

Außerdem hilfreich

- Malerkittel, alte T-Shirts oder Hemden
- Glitzerfarbe für Textilien
- Schablonen und Motivvorlagen
- Malpaletten zum Mischen der Farben
- Gläser mit Wasser zum Pinsel säubern
- Wäscheleine zum Trocknen der bemalten T-Shirts

Wichtig

Alle Textilien müssen vor dem Bemalen (ohne Weichspüler) gewaschen werden, um die Appretur zu entfernen. Sie verhindert ansonsten das Eindringen der Farben in den Stoff. Nach dem Bemalen müssen alle T-Shirts trocknen (z. B. auf einer Wäscheleine) und einmal gebügelt werden. Nicht, weil sie knitterig sind, sondern weil so die Farben fixiert werden. Das machen am besten nicht die Kids selbst, sondern ihr Erwachsenen. Legt dafür zwischen Stoff und Bügeleisen ein Blatt Backpapier und bügelt (ohne Dampf) ein paar Minuten.

Streifen abkleben

1. Mit Washi-Tape oder Malerkrepp Muster auf die vorgewaschenen T-Shirts kleben. Gut festdrücken.
2. Mit unterschiedlichen Farben nach Geschmack bepinseln.
3. Die Klebebänder abziehen. Diese Flächen sind nun weiß und um die Klebeflächen herum ist ein cooles grafisches Muster entstanden.

Trikot-Nummer

1 Schreibt die entsprechende Zahl in einer Schriftart eurer Wahl in schwarz auf dem Computer und druckt sie auf einem DIN A4 Blatt aus.

2 Diese Malvorlage zwischen die 2 Lagen T-Shirtstoff legen. Durch den hellen Stoff die Linien der Zahl mit einem Textilstift auf dem Stoff nachzeichnen. Ist die Zahl übertragen, kann sie mit bunten Farben nach Lust und Laune ausgemalt werden.

Tipp

Eine Blaupause könnt ihr für alle möglichen Motive anlegen, nicht nur für Zahlen. Auch ein Katzengesicht, Schriftzug oder ähnliches eignen sich perfekt und machen es den Kids ein bisschen leichter.

Schablonieren

1 Eine Motivschablone aus Kunststoff oder selbstgemacht aus Papier auf das Shirt legen.

2 Die Farbe mit einem Schablonierpinsel aus Schaumstoff oder einem Schwamm auf die Freiflächen der Schablone auftupfen.

3 Schablone abnehmen. Es bleiben weiße Linien zurück, die die Silhouette des Motivs bilden.

Tipp

Je nach Motiv kann hier auch Glitzer mit einem kleineren Pinsel punktuell aufgetragen werden, so wie bei unserem Schmetterling.

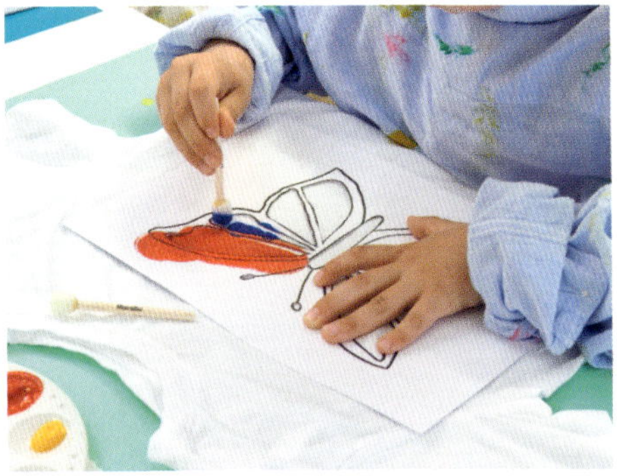

Stempeln

1 Aus Pappe kann man hervorragend großflächige Stempel herstellen, wie z. B. eine Wassermelonenscheibe.
Einen Halbkreis aus Pappe ausschneiden, mit einem Pinsel gleichmäßig pinke oder rote Farbe auf den Halbkreis auftragen und aufs T-Shirt drücken. Fertig ist das Fruchtfleisch der Wassermelone!

2 Die grüne Schale außen rum können die Kids mit einem breiten Pinsel ziehen. Sobald das rot / pink getrocknet ist, mit einem schwarzen Stift oder Pinsel kleine Kerne in die Wassermelone malen.

REZEPTTIPP

für eine Candybar

Zu einer gelungenen Kinderparty gehören auch Süßigkeiten, da sind wir uns einig, oder? Fürs elterliche gute Gewissen können aber natürlich auch Schälchen mit Obst angeboten werden.
Wenn ihr den Platzt habt, baut für die Kids doch eine kleine Candybar abseits vom Basteltisch auf. So stehen keine Lebensmittel zwischen den Bastelutensilien und es wird nicht aus Versehen das Tuschwasser statt Mineralwasser getrunken! Außerdem wird so nicht die ganze Zeit während des Malens genascht, sondern nach 1 oder 2 Stunden, je nach Alter und Konzentrationsfähigkeit der Kids, eine bewusste Nasch-Pause für alle eingelegt.
Mit bunten Luftballons und ein bisschen Konfetti ist die Kids-Crafternoon-Deko auch schon perfekt und die Candybar darf gestürmt werden!'

PARTY TIME

Acryl
Acryl

GIESS DICH GLÜCKLICH!

Schöne und praktische Behälter

Anrühren, Gießen, Kaffee trinken, Klönen und fertig – ungefähr so lässt sich ein Crafternoon mit Gießpulver und der besten Freundin beschreiben. Denn aus Gießpulver und Wasser entsteht im richtigen Mischverhältnis eine Masse, die sich in eine Form gießen lässt und innerhalb von 30 Minuten trocken ist, während ihr es euch gemütlich macht.

Im Handumdrehen entstehen so tolle Objekte wie Schalen, Teller und Gefäße und das Gießen macht zusammen mit der besten Freundin als „Pulver-Partner" unheimlich viel Spaß.

Also „An die Formen, fertig, los!"

ANLEITUNG FÜR

Gegossene Behälter aus Gießpulver

IHR BRAUCHT FÜR ZWEI PERSONEN

- 2 x 1 kg Raysin 200 von Rayher®
- Verschiedene Gießformen aus Silikon
- Pigmentpulver oder Acrylfarben zum Einfärben
- Küchenwaage
- 4–5 kleine Holzlöffel oder Holzspatel zum Umrühren
- 4–5 Papierbecher zum Anrühren des Pulvers
- 0,3 l Wasser

Außerdem nützlich

- Blattgold oder – Silber
- Lackmarker
- Grobes Schleifpapier

Raysin ist ein Gießpulver auf Gipsbasis, das innerhalb kürzester Zeit an der Luft trocknet, lebensmittelneutral und geruchslos ist.

Die Grundtechnik ist einfach: ihr mischt das Gießpulver in dem auf der Verpackung angegebenen Mischverhältnis mit Wasser und verrührt es mit einem Holzlöffel oder Spatel in einem Pappbecher oder anderem Einweggefäß. Einweg deshalb, weil sich die übrigbleibende, einmal angetrocknete Gießmasse nur schwer wieder aus dem Behälter entfernen lässt.

Mit Farb-Pigmentpulver oder Acrylfarben könnt ihr eure Gießmasse nach Belieben einfärben: Dafür einfach die Farben hinzugeben und verrühren.

FÜR DIE
Goldstücke

F
M

Terrazzo-Flakes eingießen

Um einen Terrazzo-Effekt zu bekommen, gießt ihr kleine, bunte Terrazzo-Flakes in eure Gießmasse und vermischt sie damit. Terrazzo-Flakes könnt ihr fertig kaufen oder selber machen, indem ihr Reste vorher eingefärbter und bereits getrockneter Gießmasse aus den Bechern bröselt. Alternativ könnt ihr farbige Gießmasse dünn auf Frischhaltefolie streichen, trocknen lassen und dann hochnehmen und in viele kleine Teile zerbrechen.

Die gemischte Terrazzo-Masse in die Silikonform geben, glatt streichen und die Trocknungszeit abwarten. Beim späteren Rauslösen aus der Form dürft ihr nicht enttäuscht sein, wenn ihr nicht sofort einen deutlichen Terrazzo-Effekt seht: der Trick besteht darin, die oberste Schicht mit Schleifpapier abzuschleifen, bis nach und nach die bunten Flakes hervortreten und einen natürlich-zufälligen Terrazzo-Look freigeben.

Terrazzo-Flakes aufmalen

Noch einfacher geht es, wenn ihr die Terrazzo-Flakes auf euer fertiges Objekt mit Lackmarkern aufmalt. Das ist zwar ein wenig geschummelt und kein ganz echtes Terrazzo, sieht aber super aus!

REZEPT FÜR SAFTIGE

Terrazzo Brownies

Apropos „Terrazzo": backt euch doch passend zum DIY einen leckeren Brownie mit essbaren Terrazzo-Flakes oben drauf und genießt ein Stückchen davon, während eure gegossenen Objekte gerade trocknen.

ZUTATEN FÜR EIN BACKBLECH 20X30 CM

Für den Brownie

» 250 g Butter
» ½ Tasse Kakaopulver
» 1 ½ Tassen Zucker
» 4 Eier
» 1 Tasse Mehl
» 1 TL Backpulver
» 1 TL Vanillezucker

Für die Flakes

» Superstreusel Superdrip® in verschiedenen Farben
» Alternativ: 1 Tafel Weiße Schokolade
» Lebensmittelfarben in bunten Farben

ZUBEREITUNG

Butter in einem großen Topf schmelzen. Das Kakaopulver hinzugeben und Topf von der Herdplatte nehmen. Zucker und Eier hinzufügen und alles vermischen.
Nacheinander Mehl, Backpulver und Vanillezucker dazugeben. Den Teig auf ein mit Backpapier ausgelegtes Backblech (20 x 30 cm) gießen und gleichmäßig glattstreichen.
Im vorgeheizten Backofen bei 180 °C Ober-/ Unterhitze ca 25 – 30 Minuten backen.
Während der Brownie abkühlt, die Superdrip-Flaschen erwärmen und die farbige Schokolade darin auf einen Bogen Backpapier geben und sehr flach mit einem Messer verstreichen.
Ist die Schokolade ausgehärtet, könnt ihr sie in viele kleine Stücke zerbrechen und auf euren Brownie geben.

WATERCOLOUR-MALEREI

Mal dir die Welt, wie sie dir gefällt!

Mit Pinsel und Wasserfarben bunte, fröhliche Bilder malen – das haben wir schon als Kinder gern gemacht. Also her mit Pinsel & Papier und den besten Freundinnen gleich dazu und los kann er gehen, der fröhliche Watercolour-Crafternoon!

Malen mit Aquarellfarben gehört zu unseren liebsten Kreativ-Techniken, denn man kann im Grunde nichts falsch machen. Jedes Bild wird ein Unikat voller Überraschungen und ungeplanter Farbeffekte. Beim Auftragen der Farben entstehen faszinierende Texturen und man kann malen, tupfen, tropfen oder klecksen und alles sieht wunderschön aus.

Ihr könnt mit Aquarellfarben und Aquarellpapier kleine Kunstwerke für euer Zuhause schaffen, persönliche Einladungs- oder Grußkarten kreieren oder ohne Ziel drauf los malen und den Zauber des Zusammenspiels aus Wasser und Farbe auf euch wirken lassen.

Watercolour-Techniken

IHR BRAUCHT PRO PERSON

- Aquarell-Farben als Trockenfarben in Kästen, als Nassfarben in Tuben oder als Stifte
- Aquarell-Papier
- Wasser
- Aquarell-Pinsel
- evtl. wasserfeste Pigment-Liner

So geht´s

Nass auf Nass
Bei dieser bekanntesten Aquarell-Technik wird nasse Farbe mit dem Pinsel auf nasses bzw. feuchtes Aquarellpapier aufgebracht.

Dabei beginnt die Farbe sofort zu verlaufen. So entstehen wunderschöne, weich wirkende Muster und Farbverläufe. Diese Technik funktioniert auch super, wenn ihr mehrere Farben schnell hintereinander auftragt; die unterschiedlichen Farben laufen ineinander – let the magic begin!

Diese Technik eignet sich für farbige Hintergründe, Wolken, Regenbögen oder andere Motive mit weichen Kanten.

Nass auf Trocken
Bei dieser Variante wird die nasse Aquarellfarbe mit dem Pinsel auf noch oder wieder trockenes Aquarellpapier aufgetragen. Diese Anwendung kann man als Folgetechnik der Nass-in-Nass Technik verwenden, denn auf dem getrockneten Papier könnt ihr dann auf diese Weise weitere Details ausgestalten.

Rayher

Tipp:

Bevor ihr startet, legt euch eine Art „Farbkarte“ auf einem extra Blatt Aquarellpapier an. Das ist hilfreich, um auszuprobieren, wie die Farben auf dem Papier wirken, denn auf dem Pinsel oder im Farbkasten wirken die Farben oft intensiver als auf dem Papier. Hier könnt ihr auch ausprobieren, was mit der Farbe passiert, wenn man im Nachhinein Wasser aufs Blatt gibt oder eine weitere Farbe daneben setzt.

Motiv-Tipps

Die schönsten Motive zum Abmalen sind gleichzeitig sehr lecker: Wassermelone, Donuts, Eiscreme und Drinks sind die perfekten Models, lassen sich toll mit Aquarellfarben auf Papier bringen und dienen gleichzeitig als leckere Snacks während eures Crafternoons!

Auch Blumen sind wunderschöne und dankbare Aquarell-Motive zum Abmalen, die gleichzeitig als Deko auf eurem Tisch für gute Laune sorgen.

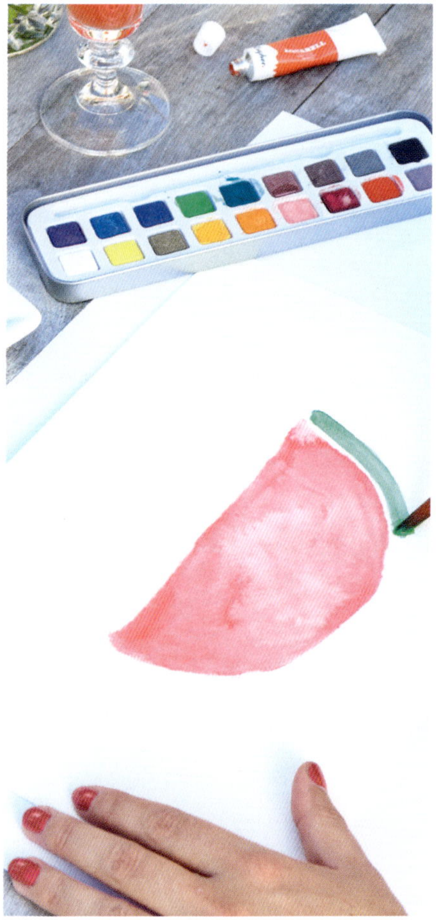

Styling-Tipps

Wie wäre es mit kleinen Mini-Staffeleien und Kärtchen mit den Initialen und Namen eurer Crafternoon-Crew auf jedem Platz zu Beginn des Nachmittages?

Zeichnet dafür mit Bleistift die Umrisse der jeweiligen Buchstaben auf dem Aquarellpapier vor und füllt sie dann mit Wasser und Farbe. Wenn alles getrocknet ist, könnt ihr mit Pigmentstiften die Namen der Gäste auf den Buchstaben setzen.

REZEPT FÜR

Party Punch

Dieser fruchtig-frische Sommer-Drink passt perfekt zu einem Nachmittag mit bunten Watercolor-Farben. Schnell gemacht und so erfrischend!

ZUTATEN FÜR 4 PERSONEN

- 700 g Wassermelone
- 300 g Mango-Ananas-Sorbet
- 2–3 EL Honig
- 1 Limetten
- 500 ml Mineralwasser
- ca 20 Eiswürfel
- 2 Zitronen

ZUBEREITUNG

Wassermelone schälen, entkernen und in Stücke schneiden. Zitrone in Scheiben schneiden.
Die Limette auspressen. Die Wassermelonenstücke in einen Mixer geben und den Limettensaft und Honig hinzugeben. Nun das Sorbet in den Mixer geben und alles durchmixen, bis eine schaumige Flüssigkeit entsteht.
Die Eiswürfel in eine Karaffe geben, den Wassermelonen Mix darüber geben und mit Mineralwasser auffüllen.
In Gläsern servieren, Zitronenscheiben dazu geben und Anstoßen! Cheers!

Delia
Toni

Die schönsten Impressionen unserer Crafternoons

Life
Good vibes Only
Mmhh

PARTY

GUTEN Appetit
DANKE

Drinks & INKS
GUTEN Appetit
Drinks & INKS
YAY
HIP HIP
HURRA

SEITE 48/49

Vorlagen

Alle Vorlagen gibt es zum Downloaden.
Wie das geht, erfahrt ihr im Impressum auf Seite 124.

Bitte auf 180 % vergrößern

Bitte auf 140 % vergrößern

SEITE 48/49

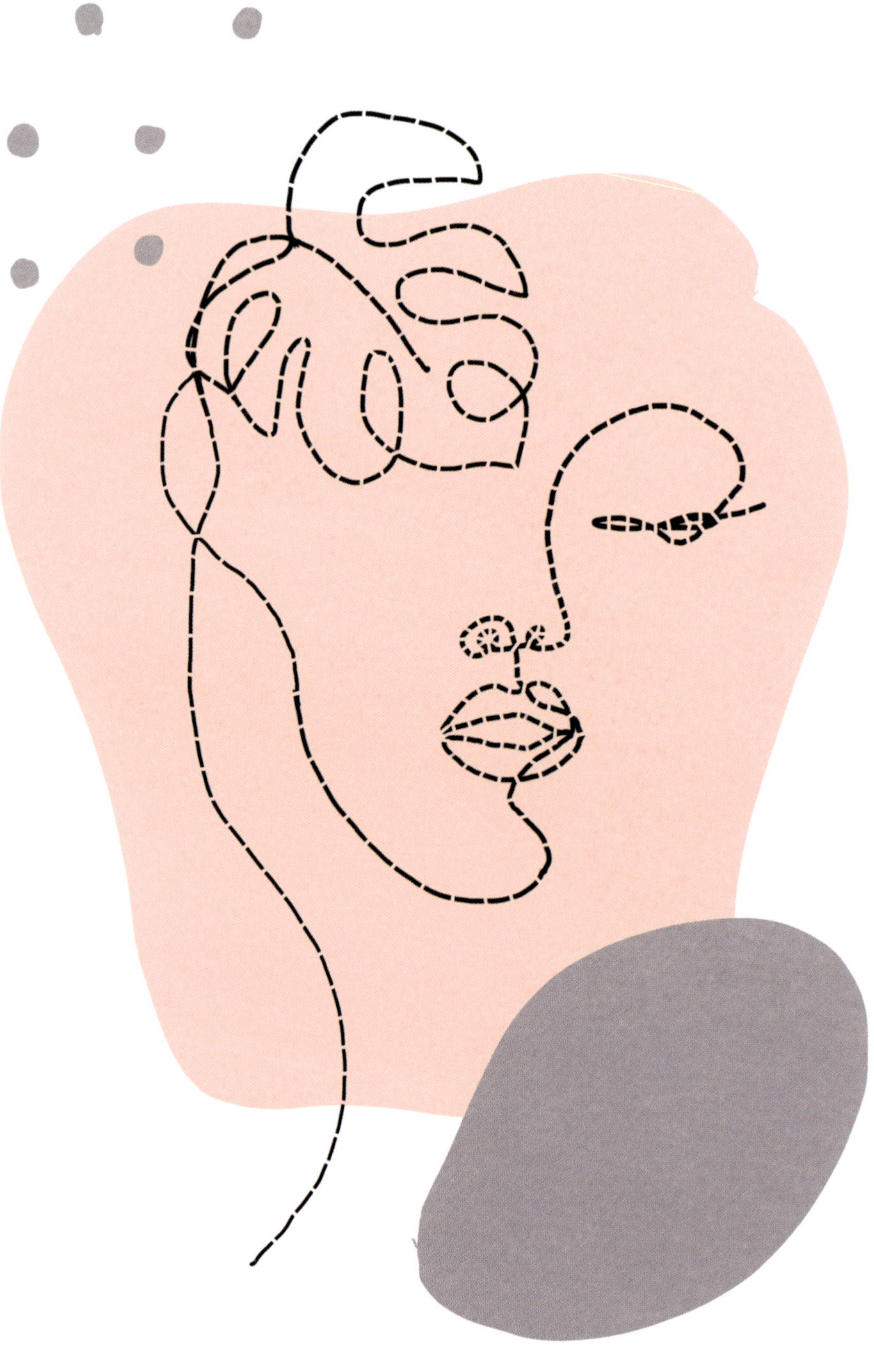

Bitte auf 140 % vergrößern

Bitte auf 170 % vergrößern

SEITE 64/65

Vorlagen

Drinks
& INKS

Coffee-
NOON

Bitte auf 145 % vergrößern

SEITE 86/87

Vorlagen

Bitte auf 120 % vergrößern

Bitte auf 120 % vergrößern

designfarben

Guten Morgen
Crafter NOON

Danksagung

Es ist vollbracht! Dieses Buch in den Händen zu halten, macht uns unglaublich stolz und glücklich – und es macht ganz deutlich, dass dies eine Team-Arbeit war, die wir allein nicht geschafft hätten! Und deshalb sagen wir: Danke, Merci, Thank you, Gracias!

Wir möchten uns bei unseren Familien bedanken - für die vielen Extra-Stunden unserer Zeit, die in dieses Buch geflossen sind, für die Begeisterung, mit der dieses „Projekt" unterstützt wurde und an Steffis Mami und Tochter Fine fürs „Modeln".

Wir sagen „Vielen Dank" an all unsere Freundinnen – an Daniella, Sandra, Andrea, Annika, Nadja, Leena, Kirsten, Hülya, Nicole, Sandra, Maike, Anne, Sonja, Mona, Sarah, Yvonne, Mandana, Tini, Katrin, Melanie, unsere Praktikantinnen Eva und Soleil und die kreativen Kids Frieda, Finn, Lara, Jacob, Victor und Greta - die geholfen haben, dieses Buch mit wunderschönen Bildern von den Crafternoons in ihren Häusern und Gärten zu füllen und sich bereit erklärt haben, sich dabei fotografieren zu lassen.

Ebenso danke an Gesa vom Café Lysander in Hamburg-Wellingsbüttel, das die Location des Handlettering-Crafternoons war und das ihr unbedingt besuchen müsst, wenn ihr in der Nähe seid – bringt Zeit zum Stöbern mit, das Café beherbergt auch einen Concept Store mit den schönsten Geschenken und Accessoires!

Ein besonderer Dank geht auch an unsere Lieblingsfotografin Heike Schröder, ohne die viele schöne Momente unserer Crafternoons nicht in diesem Buch zu sehen wären.

Außerdem ein dickes Dankeschön an unsere Partner und langjährige Kunden, die uns mit dem tollen Material für die Crafternoons versorgt haben: an Buttinette für den Bast und die Maisschnur sowie die Stick-Utensilien, an Marabu für die tollen Farben, Alcohol Inks und Textilmarker, an Staedtler für die Aquarellfarben und Pigmentliner. An Rayher Hobby für das Raysin Gießpulver und die Gießformen, an 1000 gute Gründe für Blumen und Rico Design für die wunderschönen Trockenblumen und Accessoires. Lieben Dank auch an Superstreusel für die bunten Superdrips, mit denen wir den Line Art Cake sowie die Pinsel Snacks verschönert haben.

Buchempfehlungen für Dich

Noch mehr Kreativ-Bücher zum gleichen Thema gesucht?

ISBN 978-3-7724-4604-7

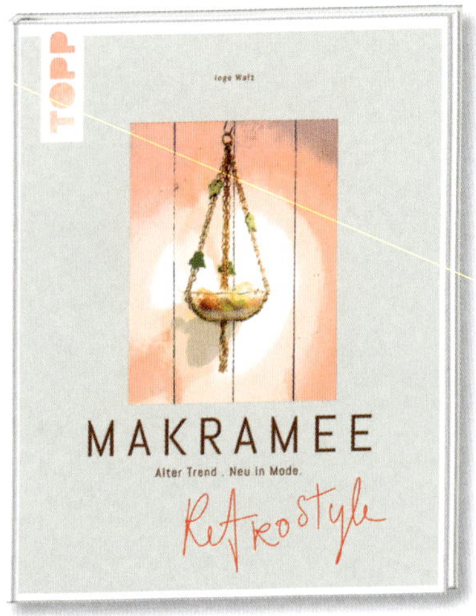

ISBN 978-3-7724-4606-1

ISBN 978-3-7724-4521-7

ISBN 978-3-7724-4571-2

ISBN 978-3-7724-4594-1

ISBN 978-3-7724-4786-0

Viele weitere Kreativ-Bücher findest du auf www.TOPP-kreativ.de

ISBN 978-3-7724-4642-9

ISBN 978-3-7724-4656-6

ISBN 978-3-7724-4566-8

ISBN 978-3-7724-4637-5

ISBN 978-3-7724-3117-3

ISBN 978-3-7724-4644-3

#TOPPPROJEKT

Die eigene Kreativität zeigen: TOPPprojekt mit anderen Kreativen teilen und Teil der Gemeinschaft werden.

DIY-begeistert und auf Instagram? Dann unbedingt mitmachen! Hier gibt's Tipps und Feedback zu den eigenen Projekten. Außerdem verlosen wir jeden Monat ein Überraschungspaket. Um am Gewinnspiel teilzunehmen, einfach ein Bild vom Kreativ-Projekt aus unseren Büchern mit #TOPPprojekt posten und unserem Account @frechverlag folgen. Mehr Infos auf TOPP-kreativ.de/TOPPprojekt

Website
Auf TOPP-kreativ.de kannst du ein riesiges Angebot von über 1.000 Kreativbüchern, Sets & mehr entdecken.

Newsletter
Gleich anmelden unter: TOPP-kreativ.de/newsletter und immer als Erstes von unseren Neuheiten und Sonderaktionen erfahren.

Instagram
@frechverlag

Pinterest
pinterest.com/frechverlag

Facebook
facebook.com/frechverlag

DigiBib
Hier findest du zusätzlich zu vielen unserer Bücher digitale Extras, wie Video-Tutorials, Plotter-Dateien, Vorlagen, Übungsblätter & vieles mehr. Einfach im Impressum deines TOPP-Buchs den Freischalte-Code nachschlagen und exklusive Inhalte freischalten. TOPP-kreativ.de/digibib

Youtube
youtube.com/frechverlag

Wer wir sind, wie wir arbeiten, was wir lieben ...

Auf Instagram, Facebook und Pinterest findest du mehr über uns und unsere Arbeit und wirst immer schnell und einfach mit den neuesten Infos versorgt.

Alle News, alle Infos und alle Links findest du auf www.TOPP-kreativ.de

Zu den Autorinnen

Stefanie Lautenschläger & Simone Schneider – Decorize Kreativ-Studio

Die beiden Autorinnen sind Hamburger Kreativköpfe mit einer Leidenschaft für Party- und Homestyling.

In ihrem Kreativ-Studio in Hamburg stecken sie täglich ihr Herzblut in die Kreation von schönen DIY-Ideen. Ihr Liebstes ist es, andere mit ihrer Leidenschaft fürs Kreativ-Sein anzustecken und zu inspirieren, neue Dinge, Techniken oder Materialien auszuprobieren.

Dafür finden in ihrem Studio regelmäßig DIY-Workshops statt und auch in ihren Büchern, im Blog-Magazin und auf ihren Social Media Kanälen bei Instagram und Pinterest findet man traumhafte Inspirationen und tolle Deko-DIY-Ideen zu saisonalen Festen und für ein schönes Zuhause.

Impressum

Fotos: Decorize und Heike Schröder
Produktmanagement und Lektorat: Tanja Kasten, Sonja Fakler
Covergestaltung: Tatjana Weiß
Herstellung: Sophia Höpfner
Layout und Satz: Lara Nelles (schere.style.papier), München
Druck und Bindung: PNB Print Ltd, Lettland

DOWNLOADS

Alle Vorlagen könnt ihr euch nach erfolgter Registrierung unter www.topp-kreativ.de/digibib downloaden und ausdrucken. Der Freischaltcode lautet: **10334**

1. Auflage 2022

ISBN 978-3-7724-4550-7 • Best.-Nr. 4550